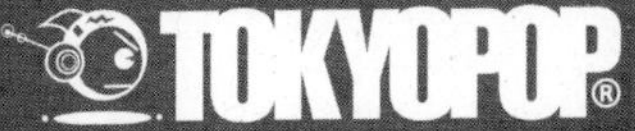

TOKYOPOP GmbH
Hamburg

TOKYOPOP
Deutsche Ausgabe/German Edition

Aus dem Japanischen von Diana Hesse

libre

Originally published in Japan in 2021 by Libre Inc.
German translation rights arranged with Libre Inc.
Original Cover Design : Mamiko Saito<Asanomi Graphic>

Redaktion: Lisa Duty
Lettering: Vibrant Publishing Studio
Herstellung: Mathias Neumeyer
Druck und buchbinderische Verarbeitung:
Druckhaus Leupelt, Handewitt
Printed in Germany

DIESES SONDERHEFT DARF NICHT EINZELN VERKAUFT WERDEN UND IST NUR ZUSAMMEN MIT BAND 11 DER SERIE IN EINER LIMITIERTEN AUSGABE ERHÄLTLICH.

ISBN der limitierten Sonderausgabe 978-3-8420-7382-1

www.tokyopop.de

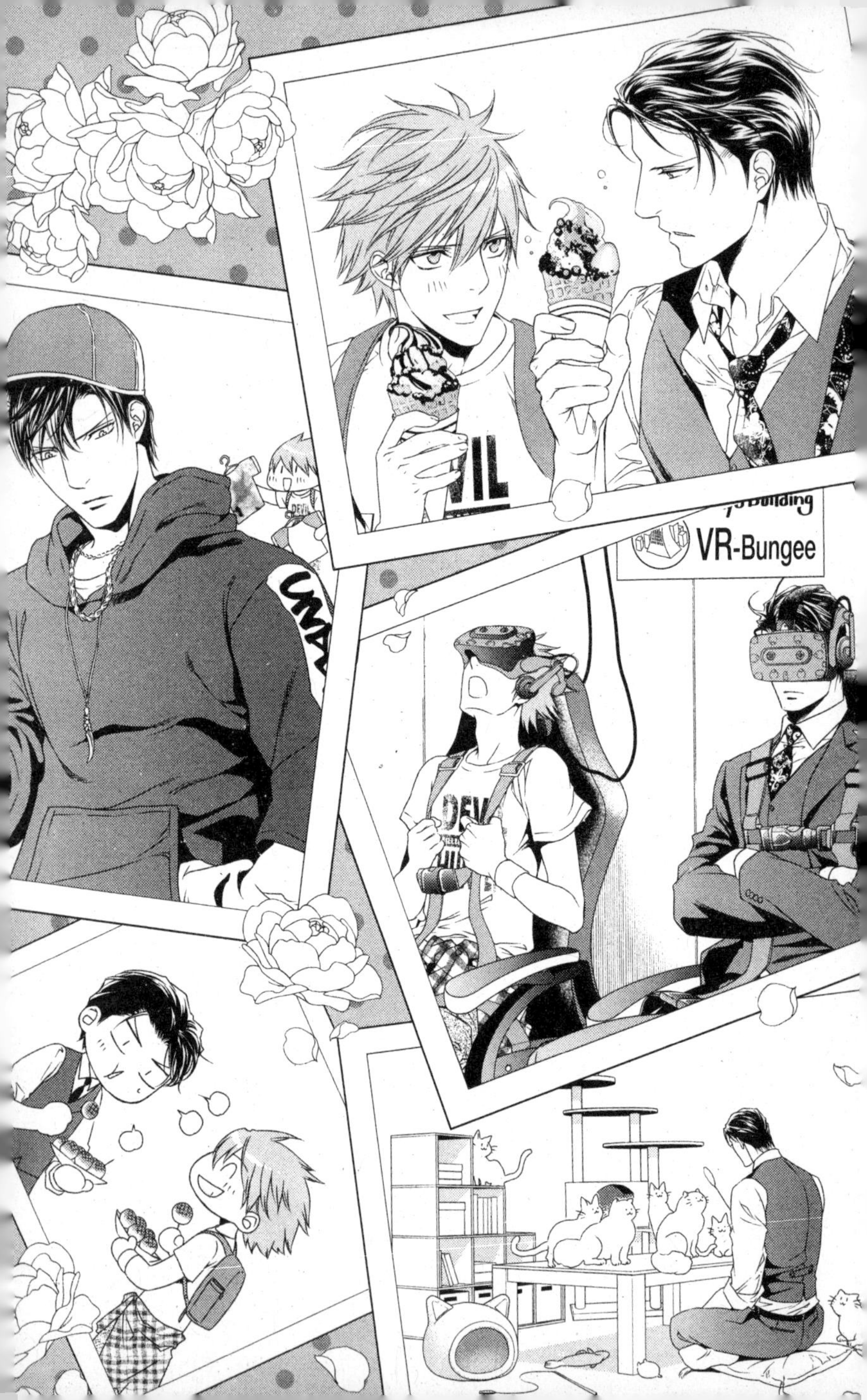
VR-Bungee

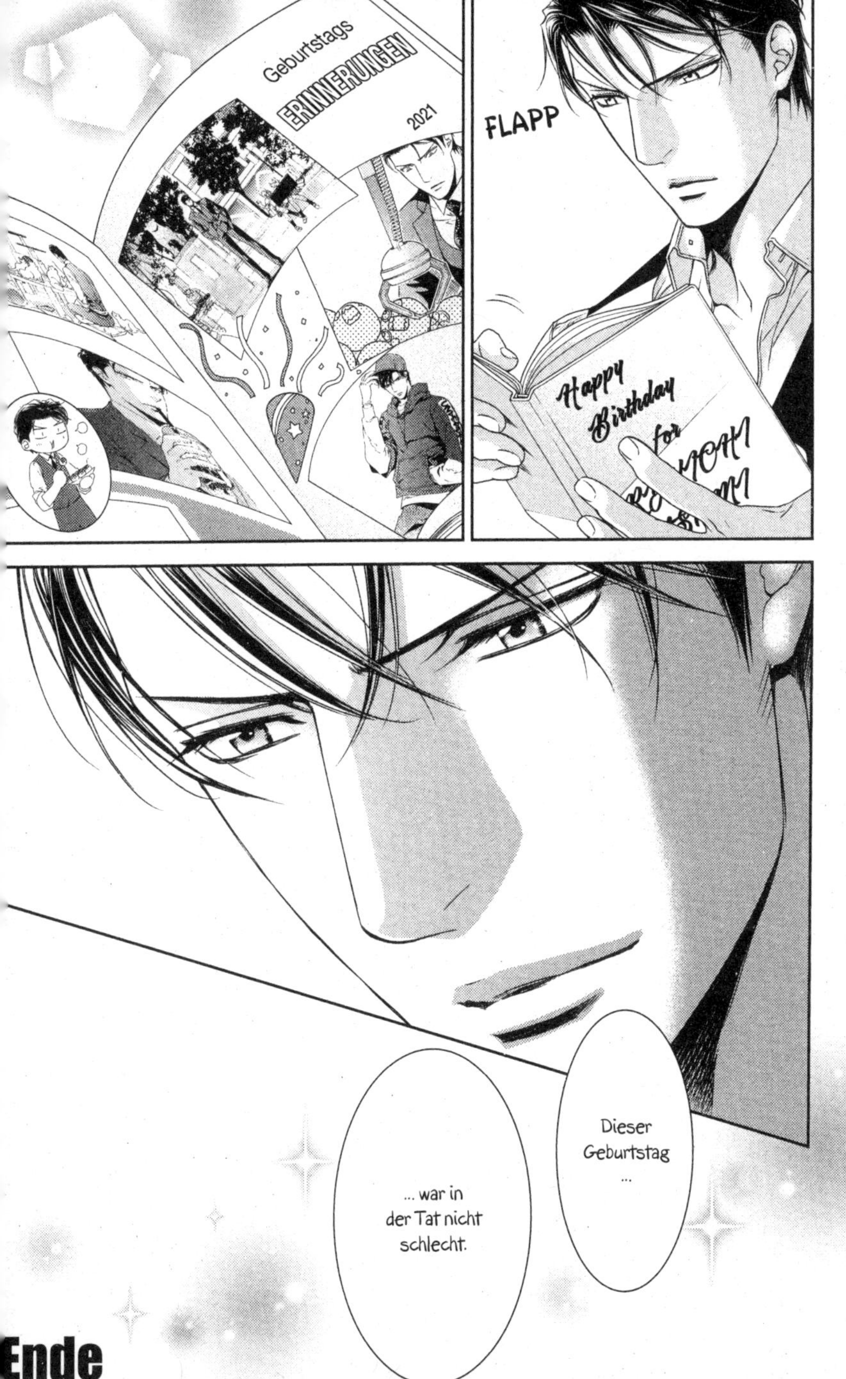
FLAPP
Happy Birthday for
Geburtstags
ERINNERUNGEN
2021
Dieser Geburtstag …
… war in der Tat nicht schlecht.
Ende

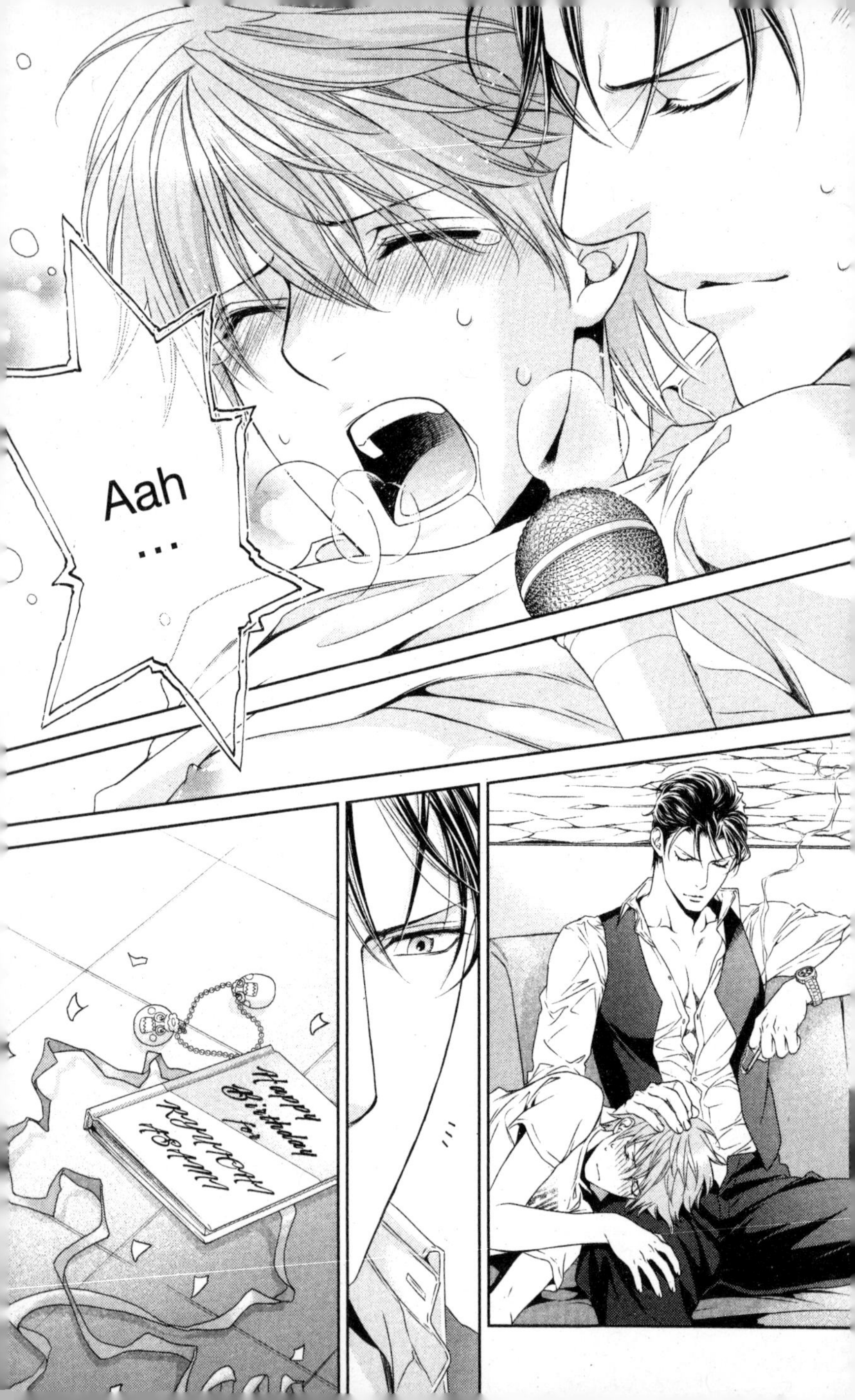
Aah
...
Happy Birthday to

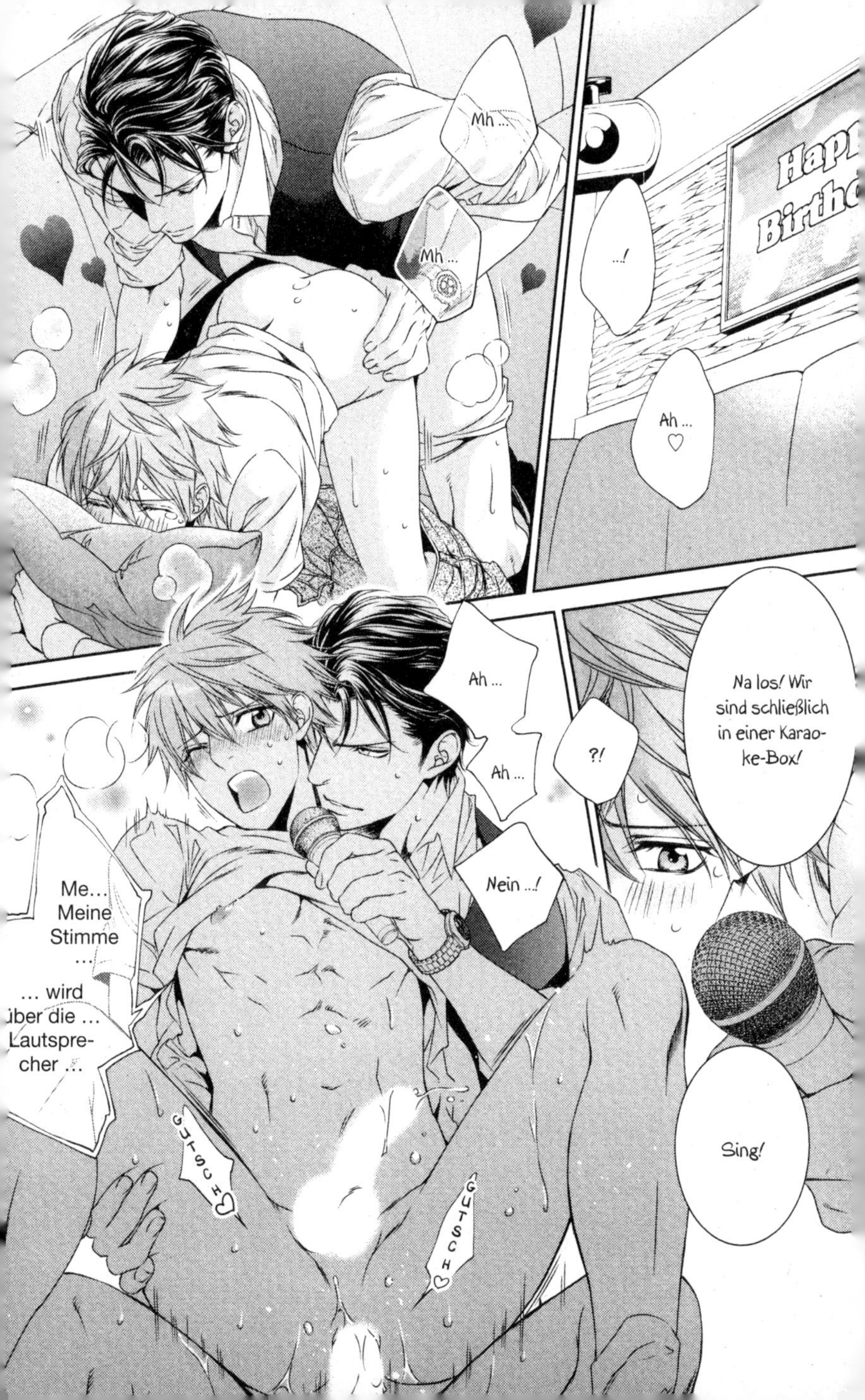

...!
Ah ... ♡
Mh ...
Mh ...
Na los! Wir sind schließlich in einer Karaoke-Box!
Sing!
?!
Ah ...
Ah ...
Nein ...!
Me… Meine Stimme …
… wird über die … Lautsprecher …
GUTSCH♡
GUTSCH♡

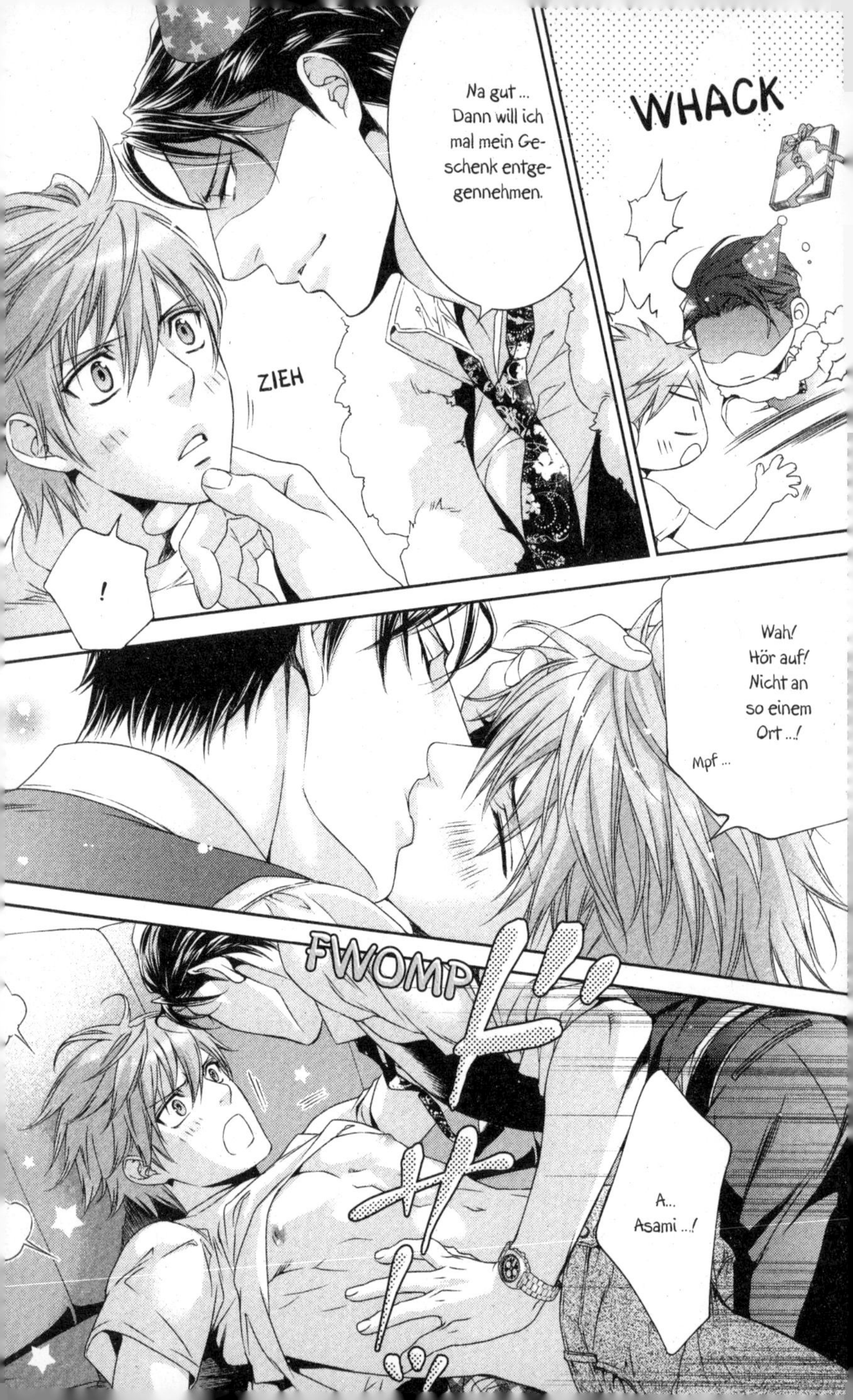
WHACK
Na gut ... Dann will ich mal mein Geschenk entgegennehmen.
ZIEH
!
Wah! Hör auf! Nicht an so einem Ort ...!
Mpf ...
FWOMP
A... Asami ...!

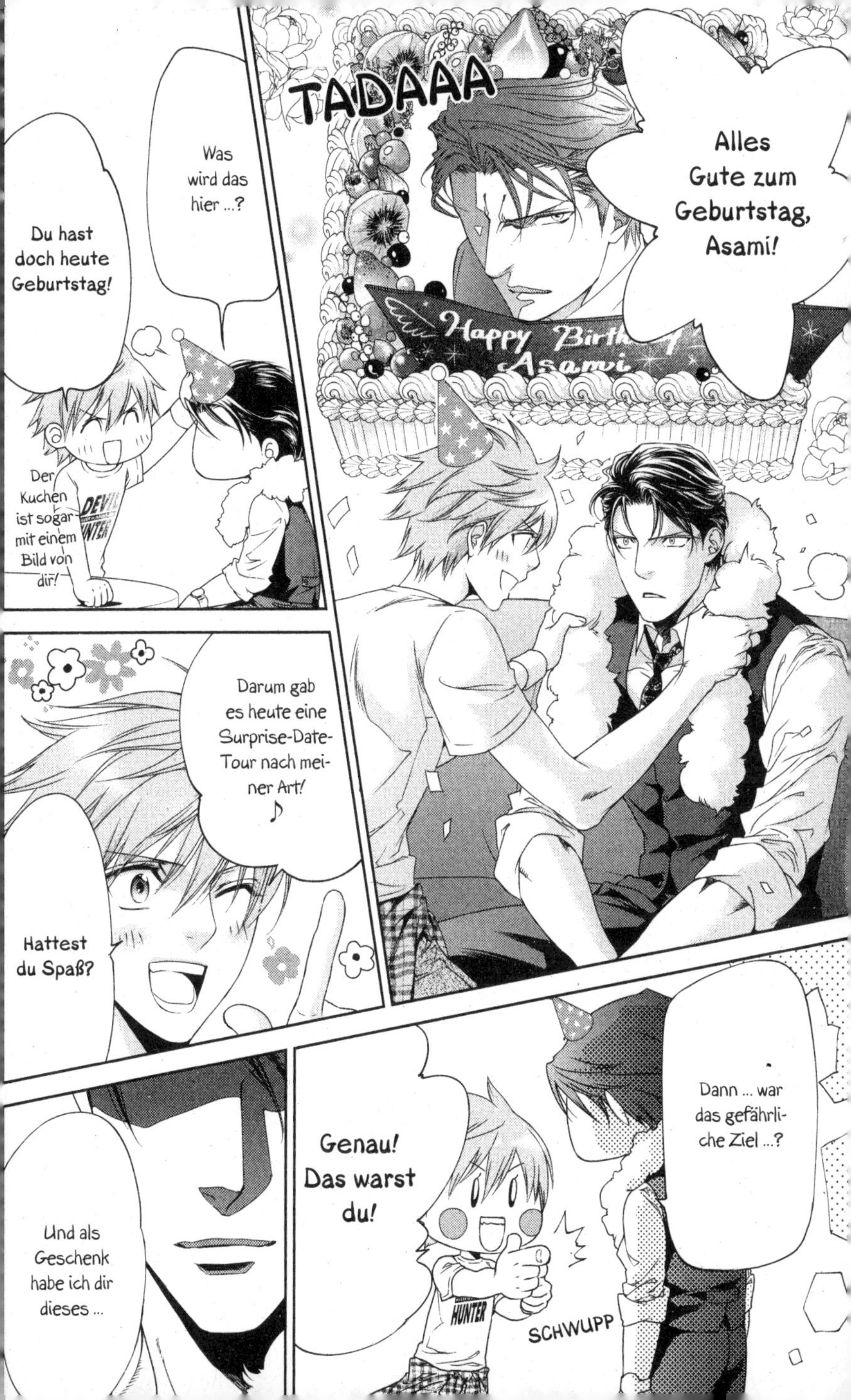
TADAAA
Alles Gute zum Geburtstag, Asami!
Was wird das hier ...?
Du hast doch heute Geburtstag!
Der Kuchen ist sogar mit einem Bild von dir!
Darum gab es heute eine Surprise-Date-Tour nach meiner Art! ♪
Hattest du Spaß?
Dann ... war das gefährliche Ziel ...?
Genau! Das warst du!
SCHWUPP
Und als Geschenk habe ich dir dieses ...

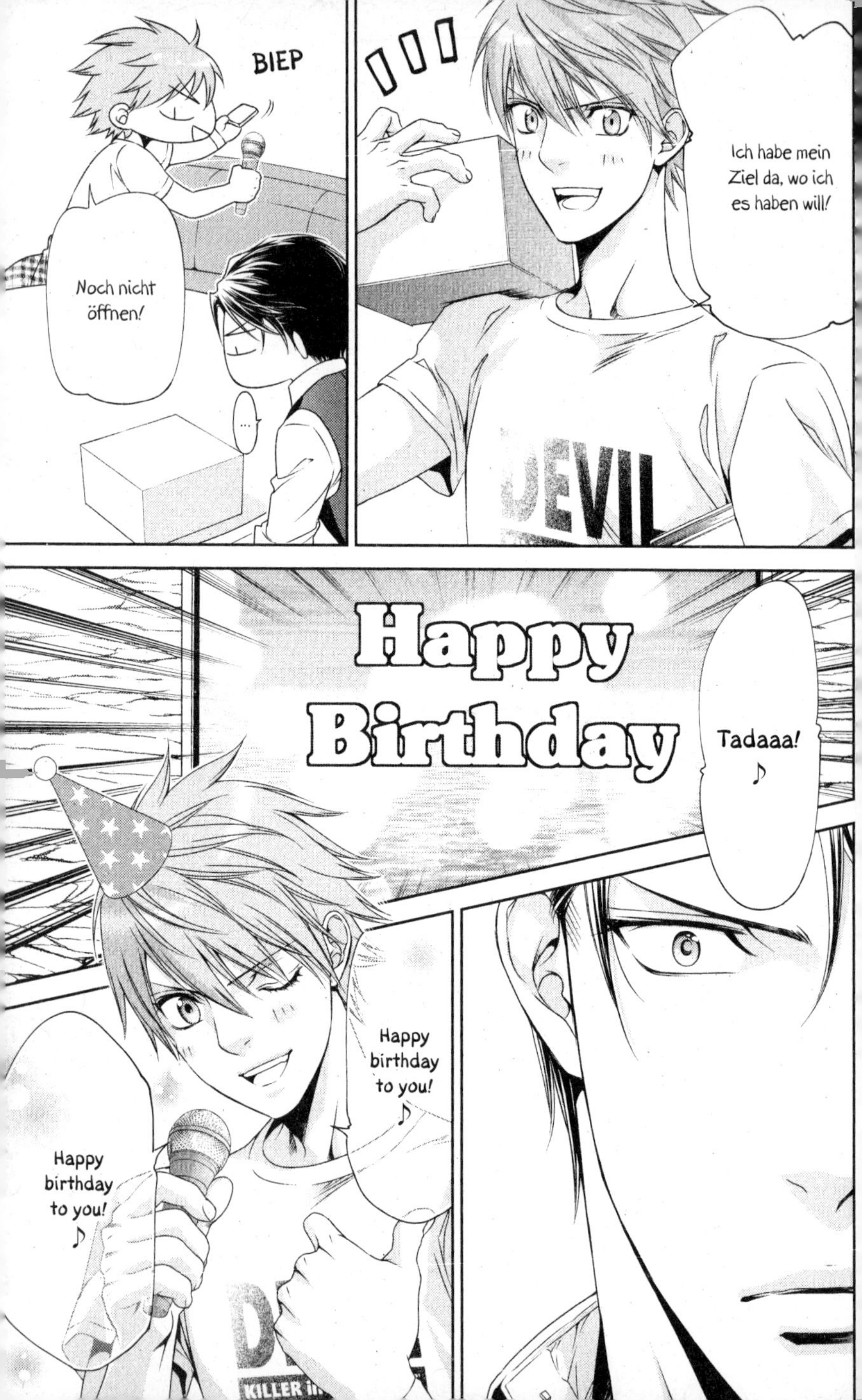
Ich habe mein Ziel da, wo ich es haben will!
BIEP
Noch nicht öffnen!
...
Happy Birthday
Tadaaa! ♪
Happy birthday to you! ♪
Happy birthday to you! ♪

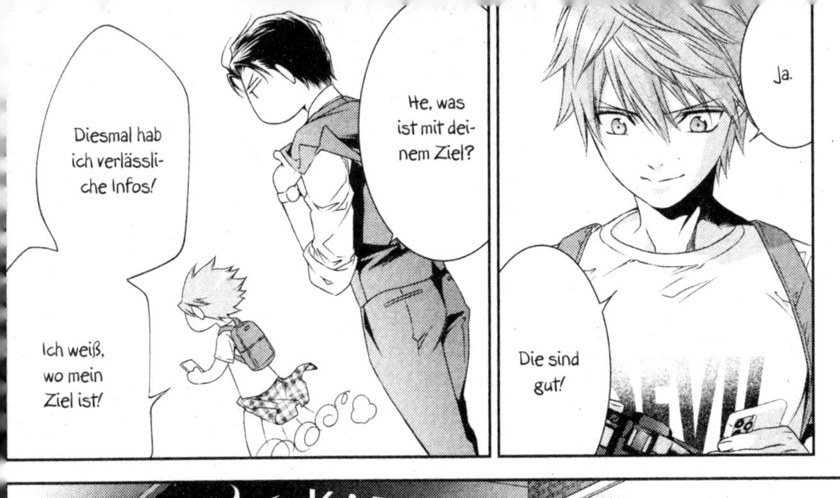

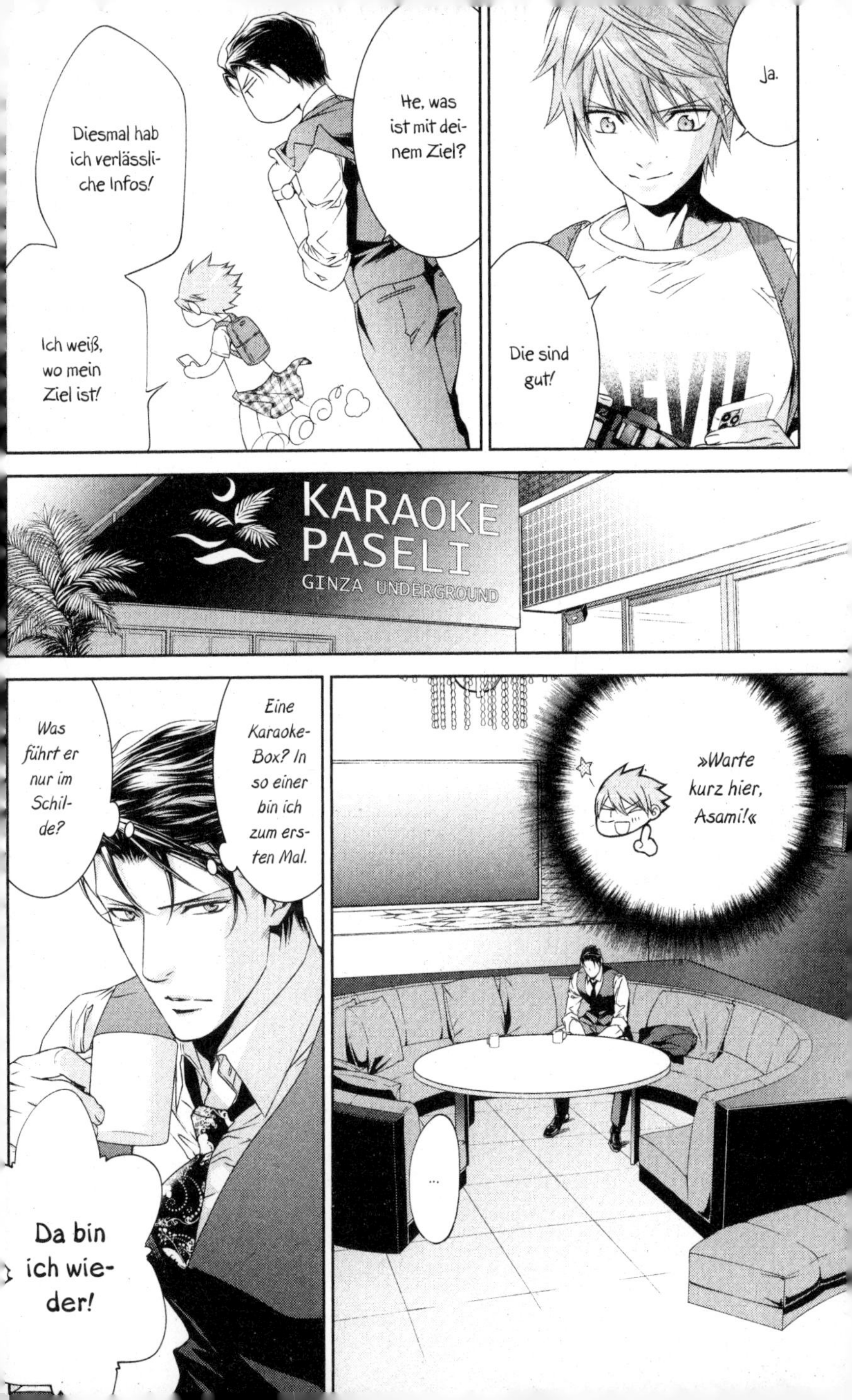

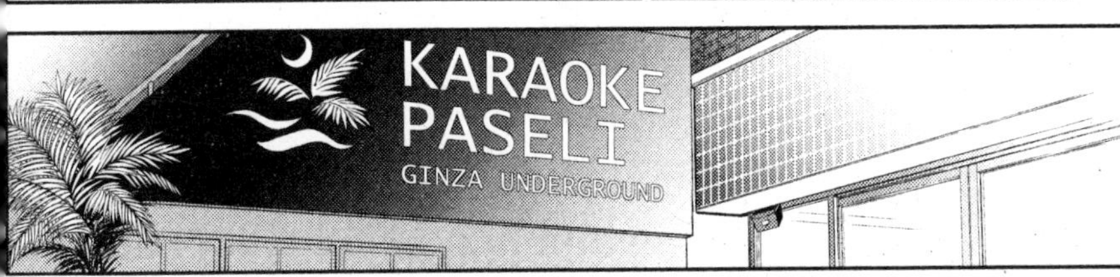

»Warte kurz hier, Asami!«

…

Eine Karaoke-Box? In so einer bin ich zum ersten Mal.

Was führt er nur im Schilde?

Da bin ich wieder!

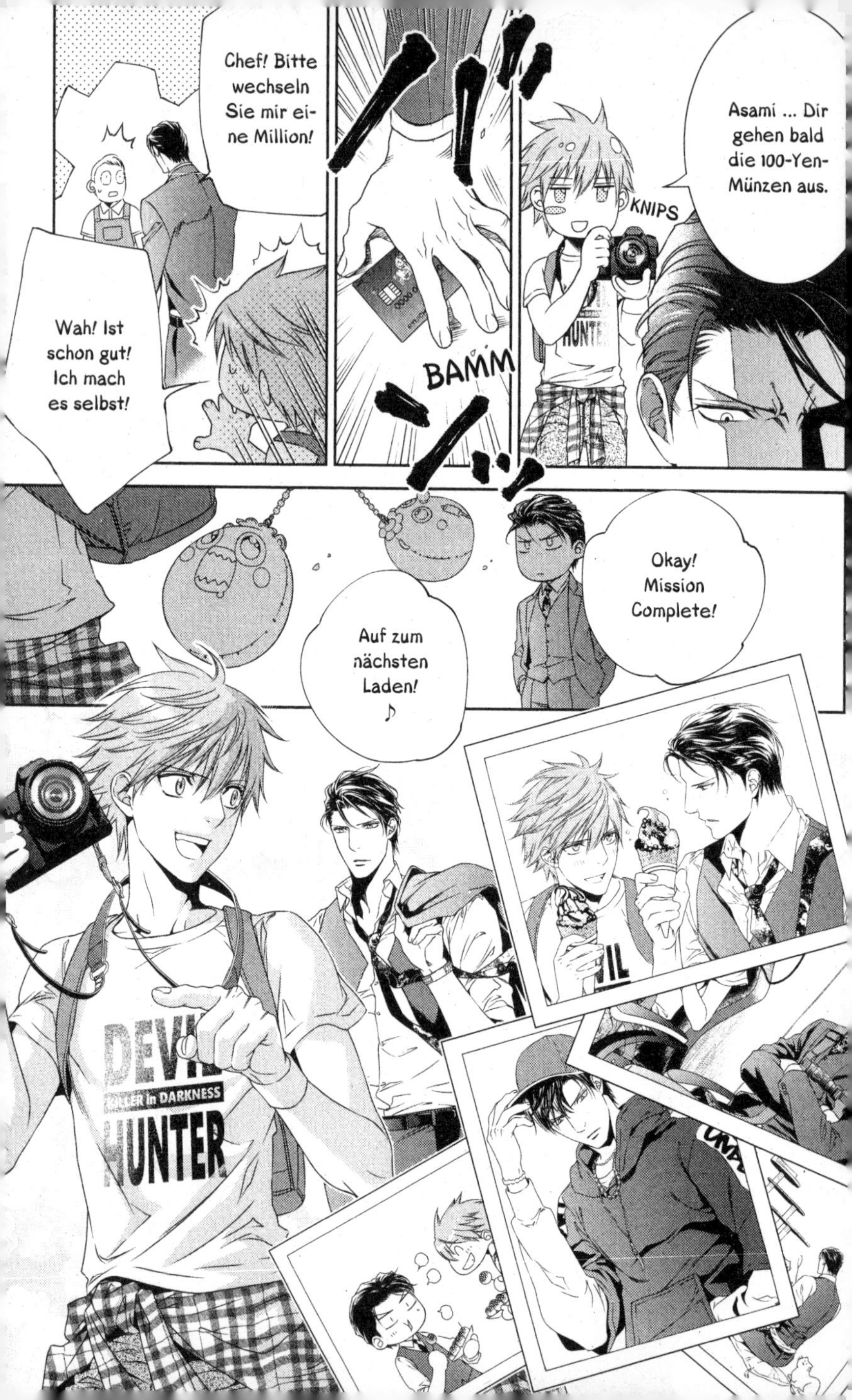
Asami ... Dir gehen bald die 100-Yen-Münzen aus.
KNIPS
BAMM
Chef! Bitte wechseln Sie mir eine Million!
Wah! Ist schon gut! Ich mach es selbst!
Okay! Mission Complete!
Auf zum nächsten Laden! ♪
DEVIL
KILLER in DARKNESS
HUNTER

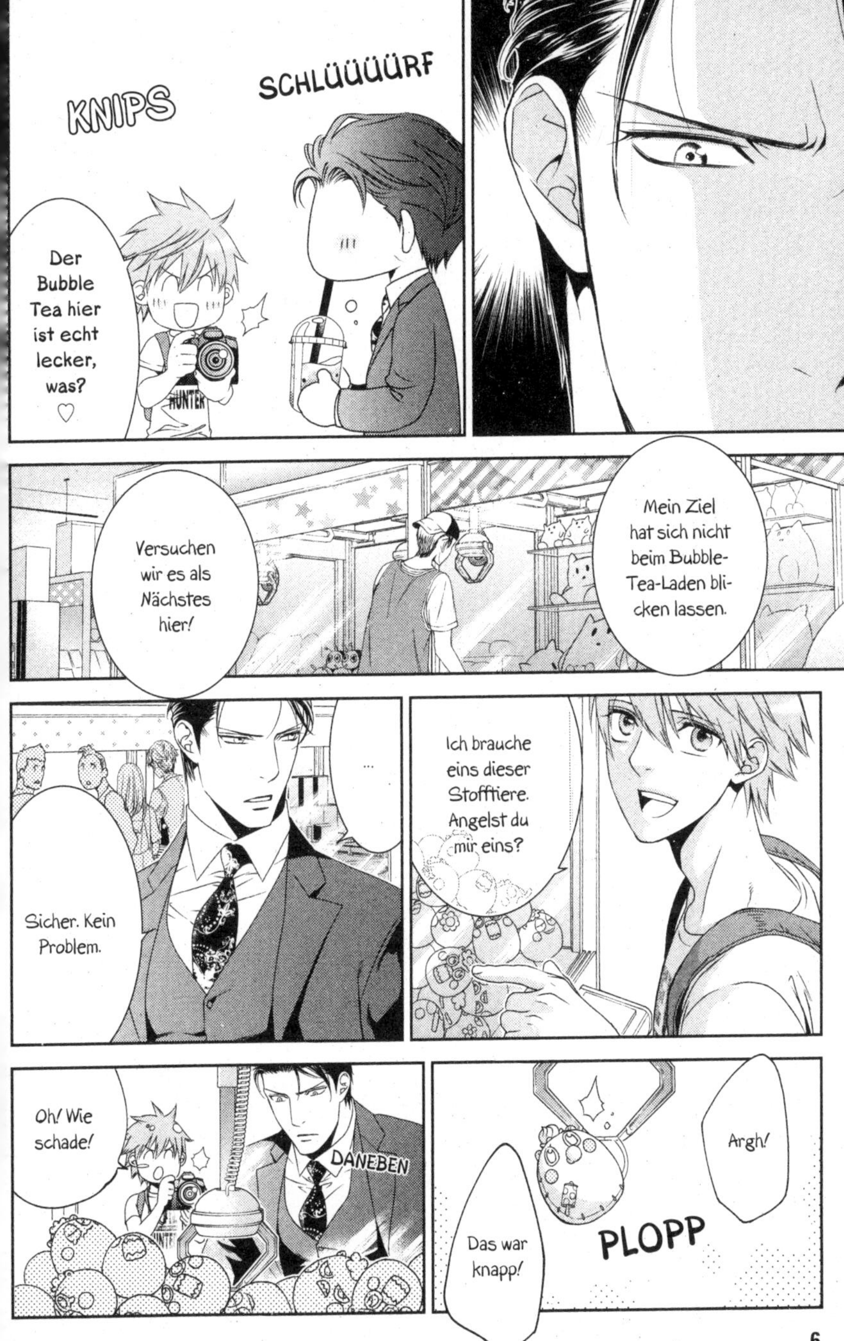
SCHLÜÜÜÜRF
KNIPS
Der Bubble Tea hier ist echt lecker, was? ♡
Mein Ziel hat sich nicht beim Bubble-Tea-Laden blicken lassen.
Versuchen wir es als Nächstes hier!
Ich brauche eins dieser Stofftiere. Angelst du mir eins?
...
Sicher. Kein Problem.
Argh!
PLOPP
Das war knapp!
DANEBEN
Oh! Wie schade!

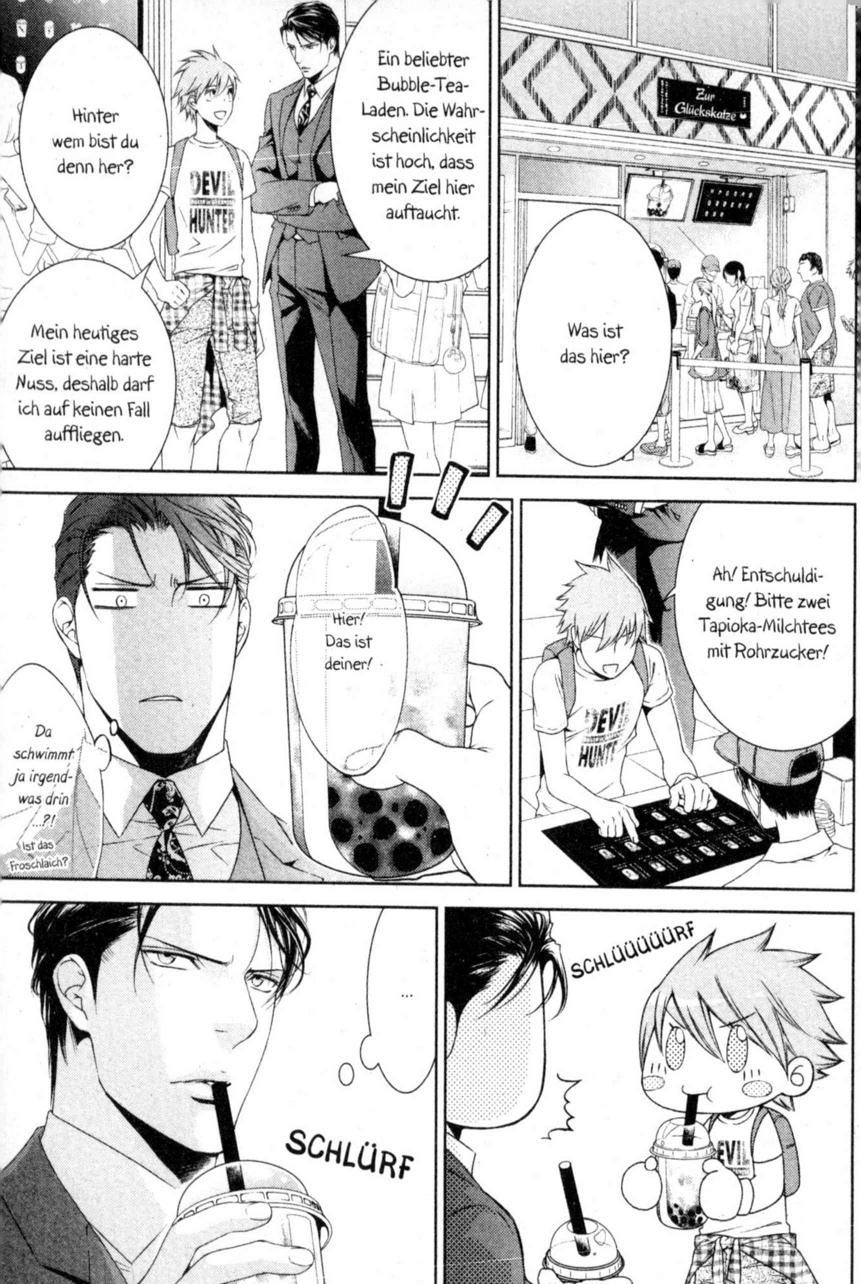
Zur Glückskatze
Was ist das hier?
Ein beliebter Bubble-Tea-Laden. Die Wahrscheinlichkeit ist hoch, dass mein Ziel hier auftaucht.
Hinter wem bist du denn her?
Mein heutiges Ziel ist eine harte Nuss, deshalb darf ich auf keinen Fall auffliegen.
DEVIL HUNTER
Ah! Entschuldigung! Bitte zwei Tapioka-Milchtees mit Rohrzucker!
Hier! Das ist deiner!
Da schwimmt ja irgendwas drin ...?!
Ist das Froschlaich?
SCHLÜÜÜÜÜRF
...
SCHLÜRF

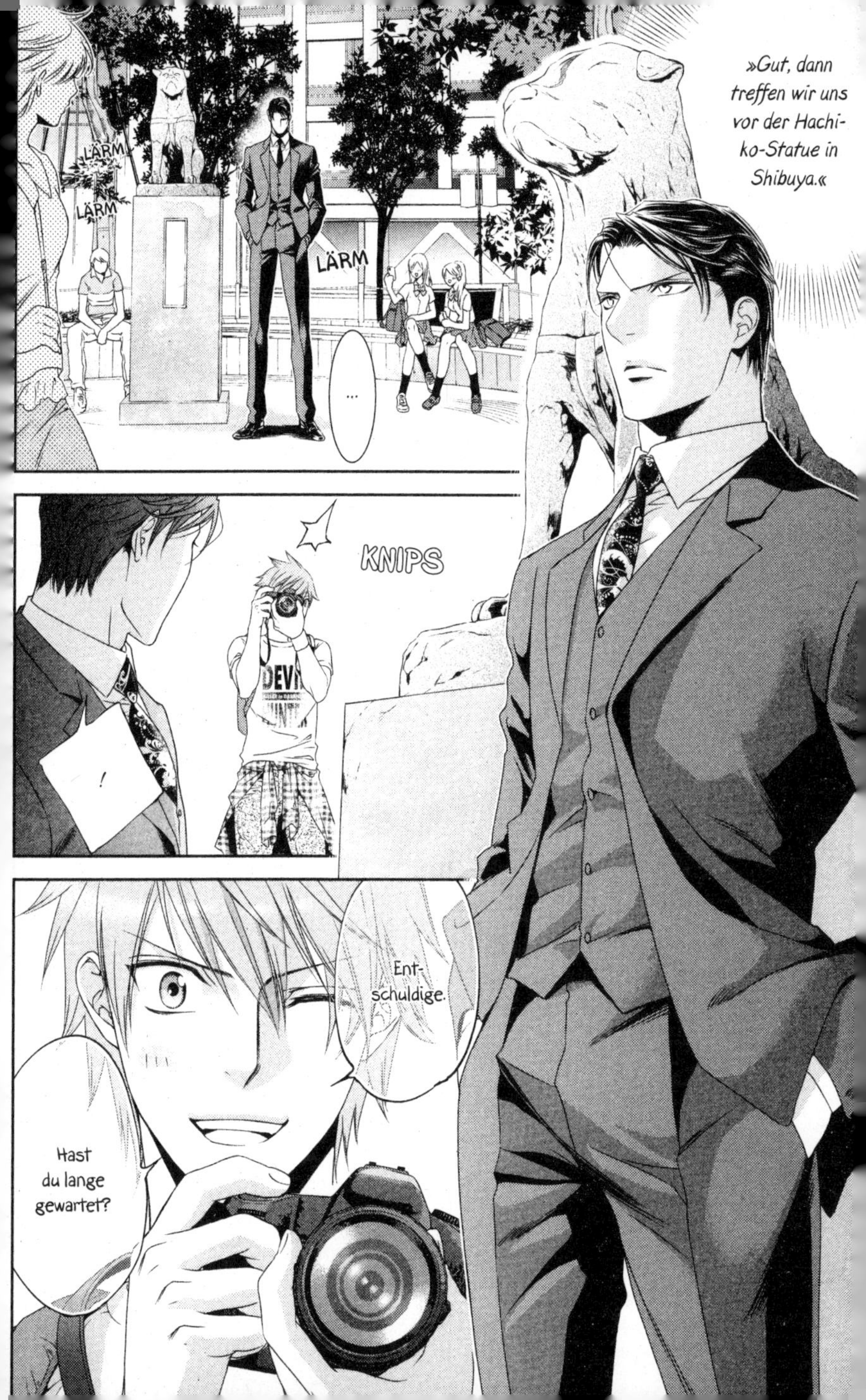

»Gut, dann treffen wir uns vor der Hachi-ko-Statue in Shibuya.«
LÄRM
LÄRM
LÄRM
...
KNIPS
!
Ent-schuldige.
Hast du lange gewartet?

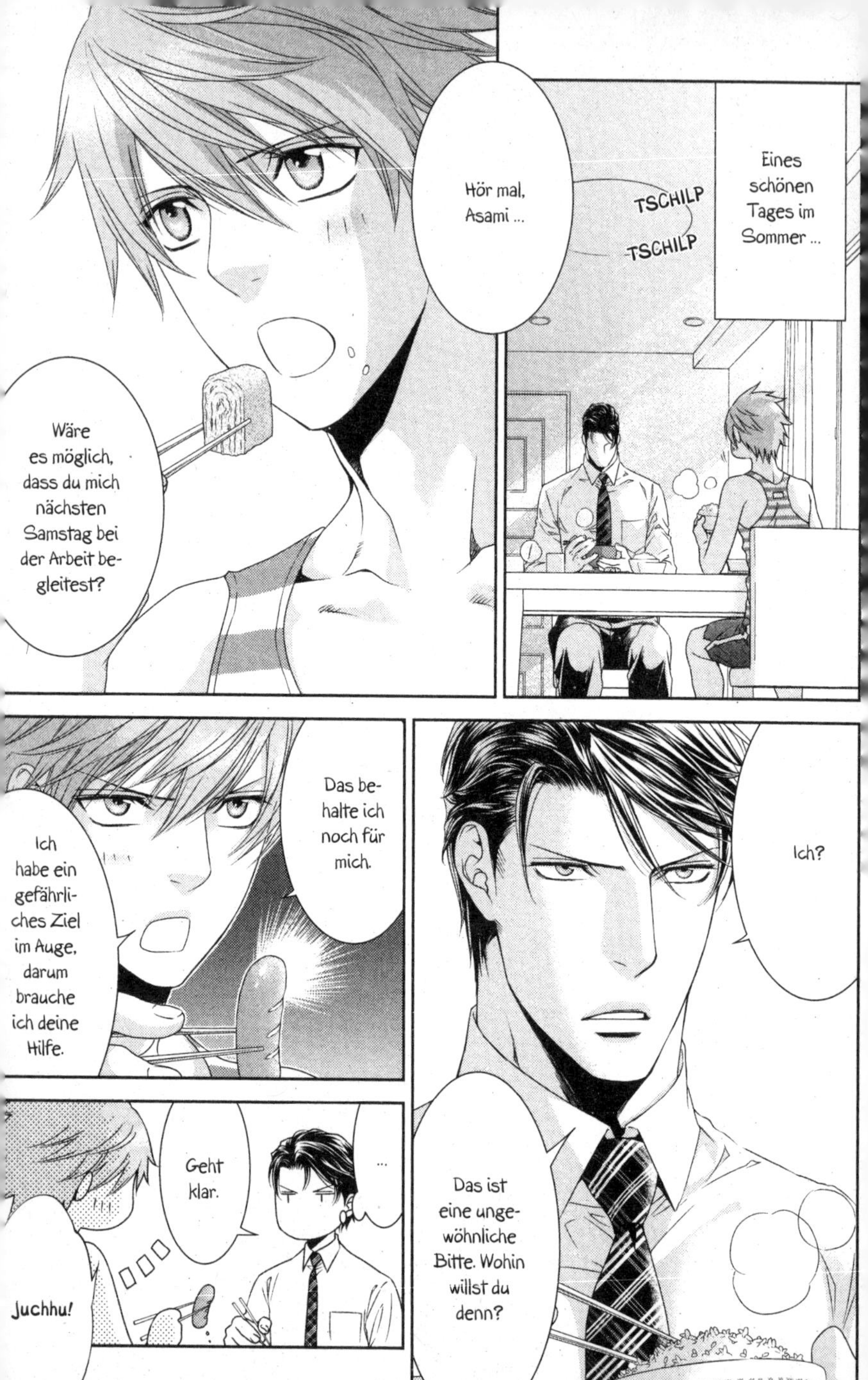
Eines schönen Tages im Sommer ...
TSCHILP
TSCHILP
Hör mal, Asami ...
Wäre es möglich, dass du mich nächsten Samstag bei der Arbeit begleitest?
Ich?
Das ist eine ungewöhnliche Bitte. Wohin willst du denn?
Das behalte ich noch für mich.
Ich habe ein gefährliches Ziel im Auge, darum brauche ich deine Hilfe.
...
Geht klar.
Juchhu!

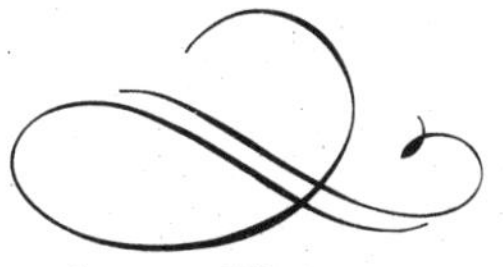

Ayano Yamane

20th

anniversary

of debut

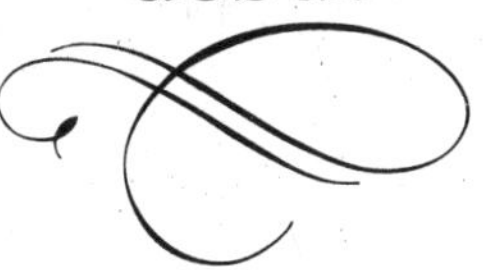

Das Ziel in Akihito
Takabas Finder?!